動物はクマ、ウサギ、ヒツジなどの
モールヤーンと相性バッチリのふわふわなものから
サメ、ステゴザウルス、メンダコなどの個性的なものまでさまざま。
コツが必要な部分はプロセス写真を入れて説明しています。
あみぐるみのために作られた
「ハマナカ itoa あみぐるみが編みたくなる糸」シリーズを使って、
「ちょっとあったらかわいい」あみぐるみ雑貨を
ぜひ作ってみてください。

CONTENTS

01 ネコのがま口 ……………………… P.06
How to make → P.38

02 セキセイインコのかぎ針ケース ………… P.07
How to make → P.40

03 イヌとネコのペットボトルカバー ………… P.08
How to make → P.42

04 ゾウのティーコゼー ……………… P.09
How to make → P.44

05 シロクマのティッシュボックスカバー …… P.10
How to make → P.46

06 アヒルのポケットティッシュケース ……… P.10
How to make → P.47

07 ライオンのトイレットペーパーカバー …… P.11
How to make → P.49

08 メンダコのなりきり帽子 ……………… P.12
How to make → P.51

09 ウサギの巾着 ……………………… P.13
How to make → P.52

10 ネズミのキッズミトン ……………… P.14
How to make → P.54

11 ナマケモノのマフラー ……………… P.15
How to make → P.56

12 クマのスマホショルダー ……………… P.16
How to make → P.58

13 レッサーパンダのマフラー ……………… P.17
How to make → P.60

14 もこもこヒツジの小物入れ ………… P.18
How to make → P.62

15 わんわんリストレスト ……………… P.18
How to make → P.64

16 ペンギンのルームシューズ ………… P.19
How to make → P.66

17 サメぐるみスリッパ ………………… P.20
How to make → P.68

18 ステゴザウルスのがま口 …………… P.21
How to make → P.72

19 ヒツジの壁掛けオブジェ……………… P.22
How to make → P.74

20 ハリネズミのピンクッション ………… P.22
How to make → P.77

21 スズメのバッグ ……………………… P.23
How to make → P.78

この本で使った糸 ……………………… P.24

道具と材料 ……………………………… P.25

かぎ針編みの基本テクニック …………… P.26

★ 本書の作品は、itoa あみぐるみが編みたくなる糸、itoa あ
みぐるみが編みたくなる糸《並太》を使用しています。
★ 目のパーツや金具など、品番の記載があるものはすべてハ
マナカの商品です。
★ 印刷物のため、作品の色が現物と異なる場合があります。
ご了承ください。

01 ネコのがま口

マチが広く小さいながらも容量のあるがま口。
ものをしっかり詰めたほうがまんまるなフォルムがはっきりしてかわいさが出ます。

How to make → P.38　Design：小鳥山いん子
Yarn → ハマナカ itoa あみぐるみが編みたくなる糸《並太》

02
セキセイインコのかぎ針ケース

ムービングアイでコミカルな表情をしているセキセイインコ。
かぎ針をしまうのにぴったりなサイズですが、ペンケースとしても使えます。小さなポケットつき。

How to make → P.40　Design：小鳥山いん子
Yarn → ハマナカ itoa あみぐるみが編みたくなる糸

03

イヌとネコのペットボトルカバー

600mlのペットボトルサイズのカバー。編み方はシンプルでも、本体部分は偶数段の糸を一段ごとに切って立ち上がりの目を目立たなくしたり、覚えておきたいテクニックが満載です。

How to make → P.42　Design：木下あゆみ
Yarn → ハマナカ itoa あみぐるみが編みたくなる糸《並太》
　　　 ハマナカ ピッコロ

04

ゾウのティーコゼー

長編み3目の玉編みで作るポコポコした模様編みで
ほっこりした雰囲気のティーコゼー。
トップにちょこんと乗っているゾウがティータイムを見守ります。

How to make → P.44　Design：木下あゆみ

Yarn → ハマナカ itoa あみぐるみが編みたくなる糸《並太》
　　　　ハマナカ itoa あみぐるみが編みたくなる糸
　　　　ハマナカ ピッコロ

05 シロクマの ティッシュボックスカバー

生活感が出やすいティッシュボックスはかわいく隠しましょう。淡い色やナチュラルな色だとインテリアになじみやすくなります。箱の底で紐を結んでとめています。

How to make → P.46　Design：ミドリノクマ
Yarn → ハマナカ itoa あみぐるみが編みたくなる糸

06 アヒルの ポケットティッシュケース

わたが入ってぷっくりしたアヒルのくちばしからティッシュを取り出すユーモラスなケース。側面が大きく開くのでティッシュを交換するのが簡単です。

How to make → P.47　Design：Miya
Yarn → ハマナカ itoa あみぐるみが編みたくなる糸

07

ライオンのトイレットペーパーカバー

隠すのではなく飾る収納を提案するトイレットペーパーカバーは、
ハンティングトロフィー風のデザイン。
ホコリよけにもなり、動物のアレンジも考えられます。

How to make → P.49　　**Design：Miya**

Yarn → ハマナカitoa あみぐるみが編みたくなる糸
　　　　ハマナカitoa あみぐるみが編みたくなる糸《並太》

08

メンダコのなりきり帽子

頭の上にヒレをつけたり、ふちにフリルを編んで腕にしたり、ちょっとの工夫でメンダコらしさが出したキッズ用の帽子。並太糸の2本どりなのでよりふんわりします。

How to make → P.51　　Design：ハマナカ企画
Yarn → ハマナカ itoa あみぐるみが編みたくなる糸《並太》

09
ウサギの巾着

巾着は片手に収まるくらいの大きさで
ピンと立った耳が特徴的。
紐の結び目を包む飾り玉もぴょこっと飛び出た
飾りがついていて小さなウサギのようです。

How to make → P.52　Design：金子祥子
Yarn → ハマナカ iloa あみぐるみが編みたくなる糸《並太》

13

10 ネズミのキッズミトン

キッズサイズのミトンの指先部分にネズミのひげとつぶらな瞳を刺繍。
手首のリブは引き上げ編みを組み合わせて立体的な編み目になっています。

How to make → P.54　Design：木下あゆみ
Yarn → ハマナカ itoa あみぐるみが編みたくなる糸

11
ナマケモノのマフラー

着けてみると、ナマケモノが肩の上でのんびりしているように見えるマフラー。
足部分にスナップボタンがついていて前後の足を挟んでとめています。

How to make → P.56   Design → ミドリノクマ
Yarn → ハマナカ itoa あみぐるみが編みたくなる糸《並太》

12 クマのスマホショルダー

使い勝手のいいスマホショルダーは、
小さな足やしっぽのついたクマのデザイン。
口金のカンに市販のストラップをつけて使うので、
少々重いものも不安なく持ち運べます。

How to make → P.58　Design：ミドリノクマ
Yarn → ハマナカ itoa あみぐるみが編みたくなる糸

13
レッサーパンダのマフラー

表情や仕草が愛くるしく人気を集めるレッサーパンダがマフラーに。
顔の後ろにループがついていてしっぽ部分を差し込むだけで、しっかり固定できます。

How to make → P.60　Design：ミドリノクマ
Yarn → ハマナカ itoa あみぐるみが編みたくなる糸《並太》

14 もこもこヒツジの小物入れ

器部分を玉編みにしてヒツジのもこもこ感を出しています。
足にはわたが入っていて結構しっかりしているので、
お菓子をこんもり盛っても大丈夫。

How to make → P.62　Design：ミドリノクマ
Yarn → ハマナカ itoa あみぐるみが編みたくなる糸

15 わんわんリストレスト

パソコン作業の疲れを和らげるリストレスト。
長い胴部分は往復編みにすることで編み目が斜めになりません。
キョロっとした目のイヌの表情に癒されます。

How to make → P.64　Design：いちかわみゆき
Yarn → ハマナカ itoa あみぐるみが編みたくなる糸

ペンギンのルームシューズ

腹ばいになって氷の上をスイスイ移動するペンギンがモチーフ。
モールヤーンは肌あたりがなめらか。足をすっぽり包んでいるので暖かいです。

How to make → P.66　Design：ささきいずみ
Yarn → ハマナカ itoa あみぐるみが編みたくなる糸《並太》

17

サメぐるみスリッパ

足をサメにガブッと噛まれたようなデザインはインパクト大。
履き口に小さな歯が生えていたり、
ヒレは表と裏で色が違っていたりと
ディテールが凝っています。

How to make → P.68　Design：ミドリノクマ
Yarn → ハマナカ itoa あみぐるみが編みたくなる糸

18 ステゴザウルスのがま口

ステゴザウルスの背中部分が大きく開いて小物を入れやすいポーチ。
恐竜は力強いイメージですが、パーツの丸みや糸の質感からなんだかかわいらしい印象に。

How to make → P.72　　Design：ミドリノクマ
Yarn → ハマナカ itoa あみぐるみが編みたくなる糸

19
ヒツジの壁掛けオブジェ

わたを入れたことと、
毛並みをリング編みにしたことで
ボリュームが出て存在感バッチリな壁掛け。
土台のふちにピコットを編んで飾りをつけています。

How to make → P.74　Design : ucono おのゆうこ
Yarn → ハマナカ itoa あみぐるみが編みたくなる糸

20
ハリネズミのピンクッション

ぬいぐるみとしてもかわいいですが、
実はピンクッションとして使えます。
ハリ部分はリングこま編みで表現。
編み物をしていて針が行方不明になりません。

How to make → P.77　Design : ハマナカ企画
Yarn → ハマナカ itoa あみぐるみが編みたくなる糸《並太》

21 スズメのバッグ

長編みの模様編みでできたバッグ。
両サイドに深く切れ込みが入っているので大きく開く間口が便利。
両方の翼は小さなポケットになっています。

How to make → P.78　Design：小鳥山いん子
Yarn → ハマナカ itoa あみぐるみが編みたくなる糸《並太》

この本で使った糸

実物大

ハマナカ itoa あみぐるみが編みたくなる糸

中細のモールヤーン。ベーシックな色からビビッドな色まで34色のカラー展開で、作品の幅が広がる。ほどよく密な編み地になり、なめらかな手触りが特徴。
ポリエステル90％、ナイロン10％／15g玉巻(約65m)／全34色

ハマナカ itoa あみぐるみが編みたくなる糸《並太》

あみぐるみが編みたくなる糸の並太タイプ。毛足が長くなりフサフサ感がアップ。従来の中細タイプと組み合わせやすい色展開をしている。
ポリエステル88％、ナイロン12％／25g玉巻(約67m)／全18色

＊掲載材料の表示内容は2025年2月のものです。
＊糸に関するお問い合わせはP.80を参照してください。都合により廃番・廃色となることがありますので、ご了承ください。

道具と材料

道具

1 かぎ針
2/0から10/0号まであり、号数が大きくなるほど太くなります。竹や金属でできたシンプルなものもあれば、写真のようにラバーがついているものもあります。使いやすいものを選んでください。

2 とじ針
糸の始末やパーツをとじはぎする際に使用します。目鼻の刺繍にも使えます。

3 段目リング
慣れないうちは段の編みはじめや、編み方が変わるポイントで目印にするとやりやすいです。

4 ニット用まち針
手足などのパーツをつける際に位置を決めたり、仮止めするのに使うと便利です。

5 ハサミ
毛糸や材料を切ったりする際に使います。細かい作業のしやすい刃先がとがったものがおすすめです。

6 目打ち
目や鼻のパーツを差し込みづらい場合、目打ちで編み地に穴を開けるとスムーズです。

7 ピンセット
わたを詰める際に使います。指で詰めても構いませんが、細長いパーツなどがある場合は便利です。

8 手芸用ボンド
フェルトやプラスチックの目のパーツなどを接着する際に使います。

材料

1 わた
手芸用のポリエステル製のもの。弾力性に富み、復元力にも優れ、長期間型くずれしにくいです。

2 ペレット
重量を出したり、安定感をよくしたりするために使います。

3 口金
いろいろな種類がありますが、編みつけるタイプだと接着剤や縫いつける作業がいらず仕上げが簡単です。

4 フェルト
5 ぽんじん
目や鼻のパーツとして使用。どうしても手芸用ボンドで接着できます。

6 目・鼻のパーツ
足のついた差し込み式のパーツは手芸用ボンドで固定、山高ボタンは編み地に縫いつけます。

7 刺繍糸・刺繍針
目や鼻はパーツを使わなくても刺繍で表現することもできます。

8 動物のひげ
毛糸を縫いつけたり、刺繍をしたりでも表現できますが、ナイロン製のひげを使うとリアルさがプラスされます。強度としなやかさも抜群です。

9 フェルト底
編みつけて使う室内履き用の靴底。

かぎ針編みの基本テクニック

かぎ針編みで必要なテクニックと、本書の作品を編むうえですこし難しい部分を紹介します。

かぎ針の持ち方

親指と人差し指でかぎ針を持ち、中指をそえる。左利きの場合も同様。

糸の持ち方

糸端を小指と薬指の間から出し、手のひらを通って人差し指にかけ、親指と中指でつまむ。人差し指を立てて糸がぴんと張るようにする。

わの作り目

1

左手の人差し指に糸を2回巻きつける。

2

わを人差し指から外し、くずれないように両手で持つ。

3

わに針を通し、糸をかけて引き出す。

4

針に糸をかけて、3のループのなかから引き出す。

5

立ち上がりのくさり1目ができたところ。

6

わに針を通し、糸をかけて矢印のように引き出す。

7

もう一度針に糸をかけて2つのループを一度に引き抜く。

8

こま編みが1目編めたところ。

9

6、7を繰り返して必要目数こま編みを編む。

10

針を外す。糸端を引いて動いたほうのわを引っ張って引き締める。

11

糸端を引いてもうひとつのわも引き締める。

12

針を戻す。わの作り目ができたところ。

糸が切れやすいときのわの作り目

2. 立ち上がりのくさりを編む。
4. 糸端も一緒に編みくるみながらこま編みを編む。
5. 糸端を引く。強く引くと糸が切れるので注意する。

くさりの作り目

1. 針を矢印のように動かして糸をかける。
2. 針に糸をかけて矢印のように引き抜く。
3. 糸端を引くとわが引き締まる。端の目ができたところ。
4. 針に糸をかけて矢印のように引き抜く。

5. くさり編みが1目編めたところ。4を必要目数、繰り返して編んでいく。

引き抜き編み

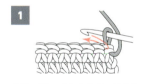 

1. 前段の頭のくさり2本に針を入れる。
2. 針に糸をかけて矢印のように引き抜く。

くさりの表・裏

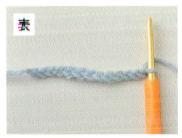 

裏山

くさり編みには表と裏があります。くさり目の拾い方は編む模様や糸によって違ってきます。

27

こま編み

1. 立ち上がりのくさりを1目編み、作り目の端のくさりを拾う。
2. 針に糸をかけて矢印のように引き出す。
3. もう一度針に糸をかけて2つのループを一度に引き抜く。
4. こま編みが1目編めたところ。

2段目を編むとき

1. 1段目が編めたらそのまま立ち上がりのくさりを1目編み、編み地を反時計回りに回して持ち替える。
2. 編み地を裏返したところ。前段の頭のくさり2本に針を入れる。
3. 針に糸をかけて矢印のように引き出す。
4. もう一度針に糸をかけて2つのループを一度に引き抜く。同様にしてこま編みを端まで編む。

5. 2段目を編み終えたところ。編み地を反時計回りに回して持ち替えるのを繰り返して編む。

中長編み

1. 立ち上がりのくさりを2目編む。針に糸をかけて前段の頭のくさり2本に針を入れる。立ち上がりのくさりを1目と数える。
2. 針に糸をかけて矢印のように引き出す。
3. 針に糸をかけて3つのループを一度に引き抜く。
4. 中長編みが1目できたところ。

長編み

① 立ち上がりのくさり3目を編む。針に糸をかけて前段の頭のくさり2本に針を入れる。立ち上がりのくさりを1目と数える。

② 針に糸をかけて矢印のように引き出す。

③ もう一度針に糸をかけて2つのループを一度に引き抜く。

④ もう一度針に糸をかけて2つのループを一度に引き抜く。

⑤ 長編みが1目できたところ。

長々編み

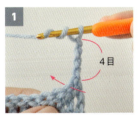
① 立ち上がりのくさりを4目編む。針に糸を2回かけて前段の頭のくさり2本に針を入れる。立ち上がりのくさりを1目と数える。

② 針に糸をかけて矢印のように糸を引き出す。

③ もう一度針に糸をかけて矢印のように糸を引き出す。

④ もう一度針に糸をかけて矢印のように糸を引き出す。

⑤ もう一度針に糸をかけて矢印のように糸を引き出す。

⑥ 長々編みができたところ。

こま編み2目編み入れる（増し目）

こま編みを1目編んだ状態。同じ目に針を入れ、針に糸をかけて引き出す。

もう一度針に糸をかけて2つのループを一度に引き抜く。

同じ目にこま編み2目を編み入れたところ。こま編み3目を編み入れる場合は、前段の同じ目に3目編み入れればよい。

こま編み2目一度（減らし目）

前段の頭のくさり2本に針を入れ、糸をかけて引き出す。最後の引き抜きをせずに2つのループを残したまま（未完成のこま編み）にする。

次の目に針を入れ、糸をかけて引き出す。針に糸をかけて3つのループを一度に引き抜く。

こま編み2目一度ができたところ。こま編み3目一度の場合は、未完成のこま編み3目を1目にまとめればよい。

中長編み3目の玉編み（目に入れる）

針に糸をかけて前段の頭のくさり2本に針を入れ、針に糸をかけて引き出す。

未完成の中長編み（最後の引き抜きをしない状態）が1目できたところ。同じ目に未完成の中長編みをあと2目編む。

未完成の中長編みが3目編めたところ。針に糸をかけて7つのループを一度に引き抜く。

引き出した糸がきつくならないように注意する。中長編み3目の玉編みができたところ。

中長編み3目の玉編み（束に入れる）

1
針に糸をかけて前段のくさりの下に針を入れる。

2
針に糸をかけて引き出す。

3
未完成の中長編み（最後の引き抜きをしない状態）が1目できたところ。同じように未完成の中長編みをあと2目編む。

4
未完成の中長編みが3目編めたところ。針に糸をかけて7つのループを一度に引き抜く。

5
引き出した糸がきつくならないように注意する。中長編み3目の玉編みが束に編めたところ。

リングこま編み

1
前段の頭のくさり2本に針を入れる。人差し指にかかっている糸を中指で向こう側へおろす。

2
中指で糸を押さえたまま、こま編みをすると、編み地の裏側にリング編みができている。

3
リングこま編みが1目できたところ。

4
リングは裏側にできる。中指で押さえた糸の長さでリングの大きさが決まる。

糸の色替え（段で変える）

1 色を替える前段、最後のこま編みは未完成のこま編み（最後の引き抜きをしない状態）にする。

2 次の段の糸（ピンク）の糸端を持ち、針に糸をかけて2つのループを一度に引き抜く。糸端は糸始末できる長さを残しておく。

3 色替えができたところ。今まで編んでいた糸（ブルー）は休めておく。

4 立ち上がりのくさりを1目編み、編み地を反時計回りに回して持ち替える。

5 糸端（ブルー）は針の上に乗せ、替えた糸（ピンク）と一緒に5目ほど編みくるむ。編みくるんだら5mmほど残して切る。

糸の色替え（同じ段の途中で色を変える）

1 色を替える前、最後のこま編みは未完成のこま編み（最後の引き抜きをしない状態）にする。次の糸（ピンク）を編み地の裏に置き、針に糸をかけて、2つのループを一度に引き抜く。

2 今まで編んでいた糸（ブルー）と糸端（ピンク）を針の上に乗せ、替えた糸（ピンク）と一緒に5目ほど編みくるめる。編みくるめると裏に渡る糸が隠せてすっきりする。

3 色を替えて1目編めたところ。今まで編んでいた糸（ブルー）へ戻す場合も、1と同様にピンクで未完成のこま編みをしてからブルーに替える。

わたを詰めてしぼり止めをする

わかりやすくするために糸の色を替えています。

1 パーツを編んだら、わたを少量ずつちぎり指やピンセットを使ってしっかり詰める。

2 わたを詰めたら編み終わりの糸をとじ針に通し、頭目の表側1本に針を入れて1周する。

3 途中の様子。糸を引きつつ1周する。

4 1周したら糸をしっかり引きしぼり、近くに1針入れる。

5 糸を引き、わに針を通して固結びする。

6 引きしぼった中心に針を刺し、離れた場所から出す。糸を引き固結びをなかに入れる。

7 編み地のきわでカットする。

パーツをかがりつける

わかりやすくするために糸の色を替えています。

巻きかがり

パーツ（青）の糸端にとじ針を通し、本体（茶）の取りつけたい位置で1目拾う。パーツ・本体を繰り返してかがっていく。慣れていない場合は取りつけたい位置にまち針で印をつけてもよい。

たたみかがり

1 パーツ（青）をたたんで本体（茶）へかがりつけていく。本体の取りつけたい位置に針を入れ、パーツの両側2本ずつを拾う。

2 パーツ・本体を2本ずつ拾い繰り返してかがりつける。

目・鼻のつけ方（差し込みタイプ）

差し込みタイプのパーツの足に手芸用ボンドをつけて、目・鼻をつけたいところに差し込む。差し込みにくい場合は、目打ちで穴を開けてもよい。

目・鼻のつけ方（ボタンタイプ）

1 針に縫い糸を通し、目・鼻をつけたいところから針を出す。

2 ボタンに針を通し、**1** で針を刺したところから少し離れたところに針を入れる。

3 針を外し縫い糸を裏側で結んでとめる。何回か縫い糸を通すとよりしっかり固定できる。

だ円の編みはじめ

「アヒルのティッシュケースカバー（P.46）」などはくさり編みの作り目からだ円を編んでいきます。

1 作り目と立ち上がり1目分のくさりを編む。

2 作り目の端の目に針を入れ、くさりの半目と裏山を拾い、こま編み2目編み入れる。

3 こま編みを2目編み入れたところ。

4 続けてこま編みを11目編む。左端までこま編みを編んだら、同じ目に針を入れてこま編み2目編み入れる。

5 こま編みを2目編み入れたところ。

6 4と同じ目にこま編みを1目編む。続けてくさりの残りの半目を拾い、こま編みを10目編む。

7 端の目にこま編み2目編み入れる。

8 1段目の編み終わりは、1目めの頭を引き抜き編みする。

9 だ円の1段目を編んだところ。

34

長編みの表引き上げ編み

「ネズミのキッズミトン」(P.54)の手首のリブ部分に出てきます。

1. 針に糸をかけ、前段の目の足全体をすくうように手前から針を入れる。

2. 針に糸をかけて引き出す。

3. 針に糸をかけて2つのループを一度に引き抜く。

4. もう一度針に糸をかけて2つのループを一度に引き抜く。

5. 長編みの表引き上げ編みが1目編めたところ。

長編みの裏引き上げ編み

「ネズミのキッズミトン」(P.54)の手首のリブ部分に出てきます。

1. 針に糸をかけ、前段の目の足全体をすくうように向こう側から針を入れる。

2. 針に糸をかけて引き出す。

3. 針に糸をかけて2つのループを一度に引き抜く。

4. もう一度針に糸をかけて2つのループを一度に引き抜く。

5. 長編みの裏引き上げ編みが1目編めたところ。

中長編み3目の玉編みの模様編み

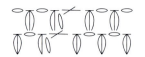

「もこもこヒツジの小物入れ」（P.62）に出てきます。

段のはじめ

立ち上がりのくさりを1目編む。

針に糸をかけて前段のこま編みの下に針を入れる。未完成の中長編み2目を編み、針にかかったループを一度に引き抜く。

中長編み2目の玉編みが編めたところ。そのまま編み図どおり1段編む。

段の終わり

1周したら前段のくさり2本に針を入れる。

こま編みを1目編む。

段のはじめの**1**、**2**と同様に次の段を編む。

わの往復編み　「わんわんリストレスト（P.64）」に出てきます。

必要目数くさり編みをし、わにする。立ち上がりのくさりを1目編み、こま編みを必要目数編む。

1目めの頭を引き抜き編みして、1段目ができたところ。

立ち上がりのくさりを1目編んだら、編み地を反時計回りに回して持ち替える。

編み地を持ち替えたところ。そのまま裏側を見ながらこま編みを編む。

こま編みを必要目数編んだら、1目めの頭を引き抜き編みして2段目ができた。**3**と同様に立ち上がりのくさりを編み、編み地を反時計回りに回して持ち替える。

編み地を持ち替えたところ。段が変わるごとに編み地を表、裏と返してこま編みを編んでいく。

くさり3目の引き抜きピコット

「ヒツジの壁掛けオブジェ」（P.74）に出てきます。

くさりを3目編み、こま編みの頭の手前半目と足の糸1本をすくう。

針に糸をかけて矢印のように3つのループを一度に引き抜く。

きゅっと糸を引き締める。くさり3目の引き抜きピコットが編めたところ。

すじ編み

「スズメのバッグ」（P.78）で出てきます。

前段のくさり目の奥（向こう側半目）を拾う。

針に糸をかけてこま編みを編む。

すじ編みができたところ。くさり目の手前の半目がすじになって見える。

長編みの模様編み

長編み3目編み入れる増し目とくさり編みの組み合わせです。
「スズメのバッグ」（P.78）で出てきます。

針に糸をかけ前段のくさりの下に針を入れる（束に入れる）。

糸をかけて引き出す。

長編みを1目編む。

長編みが1目編めたところ。もう一度針に糸をかけて長編みを編むが、今度はくさりの下ではなく2段下の長編みの2目めを拾う。

途中の様子。もう一度、長編みを編む。

長編みを2目編んだところ。3目めの長編みは前段のくさりの下に針を入れて編む。

長編みを3目編んだところ。

01 ネコのがま口
→ photo P.06

〈糸〉ハマナカ itoa あみぐるみが編みたくなる糸《並太》
グレー猫：薄グレー（517）…20g、ベージュ（516）…5g、ベビーピンク（504）…3g
金茶猫：金茶（515）…20g、オフホワイト（501）…5g、ベビーピンク（504）…3g
〈針〉かぎ針6/0号
〈その他〉ネオクリーンわたわた（H405-401）…各1g、編みつける口金（くし形）・金（H207-022-1）…各1組、山高ボタン10mm（H220-610-1）…各1組、動物用のヒゲ・白（H441-072）…各28cm
〈仕上がりサイズ〉図参照

〈作り方〉
① 本体を編み図のように24段めまで編み、25段めで口金と一緒に拾い編む。
② 各パーツを編み図のように編む。
③ マズルと口まわりにわたを入れながら、本体に巻きかがりで縫いつける。
④ 耳と耳内側を縫い合わせ、本体背面にとじつける。
⑤ 目を縫いつける。
⑥ 鼻と口をステッチで作る。

口金の拾い位置

口金をひろげて上から見た図

25段め拾いはじめ位置

【本体】（1枚）　□=薄グレー・金茶

編み地と口金の★を一緒に12目拾う
編み地と口金の☆を一緒に10目拾う
編み地のみ1目拾う
編み地と口金の●を一緒に12目拾う
編み地と口金の◎を一緒10目拾う
編み地のみ2目拾う

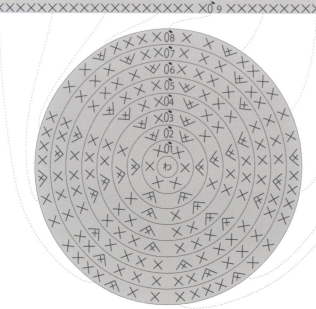

∀ こま編み2目編み入れる
⋏ こま編み2目一度
🌰 長々編み3目の玉編み

段数	目数	増減数
9～25	48目	増減なし
8	48目	＋6目
7	42目	＋6目
6	36目	＋6目
5	30目	＋6目
4	24目	＋6目
3	18目	＋6目
2	12目	＋6目
1	わの作り目にこま編み6目編み入れる	

【マズルと目まわり】(1枚) ☐=ベージュ・オフホワイト

段数	目数	増減数
6	図参照	
5	24目	増減なし
4	24目	+6目
3	18目	+6目
2	12目	+6目
1	わの作り目にこま編み 6目編み入れる	

● = 目玉ボタン取りつけ位置

━ = 刺繍位置 ベビーピンク2本取りでストレートステッチ

○ = ヒゲつけ位置 7cmを半分に折り曲げ表結び

【耳】(2枚) ▨=薄グレー・金茶

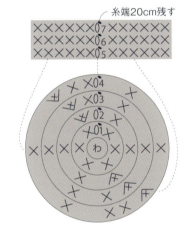

段数	目数	増減数
5〜7	12目	増減なし
4	12目	+2目
3	10目	+2目
2	8目	+2目
1	わの作り目にこま編み 6目編み入れる	

【耳内側】(2枚) ▨=ベビーピンク

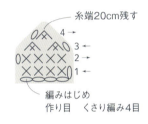

編みはじめ
作り目 くさり編み4目

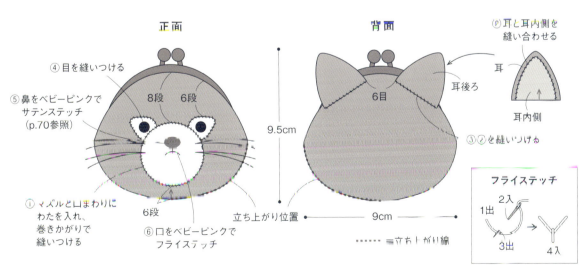

02 セキセイインコのかぎ針ケース
→ photo P.07

〈糸〉ハマナカ itoa あみぐるみが編みたくなる糸
青（312）…15g、オフホワイト（302）…10g、ピンクオレンジ（320）…5g
〈針〉かぎ針4/0号
〈その他〉ムービングアイ 12mm（H220-512-1）…1組、ファスナー・黒18cm…1本、スナップボタン・黒 直径10mm…1組、丸カン10mm…1個、手縫い糸・黒…少々
〈仕上がりサイズ〉図参照

〈作り方〉
① 本体を編む。くさり編み14目の作り目にこま編み14目編み入れ往復編みで55段めまでを2枚編み、縁編みをする。
② 鼻・クチバシ・尾羽・ポケットを編む。
③ 本体を中表に合わせて縫い合わせ、表に返す
④ 本体にファスナーを縫いつける。
⑤ 鼻・クチバシ・ポケットを本体にとじつける。
⑥ 目玉を手芸用ボンドで貼る。
⑦ ほっぺ・足をステッチで作る。
⑧ 尾羽をファスナーのスライダーにつける。

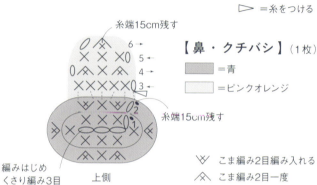

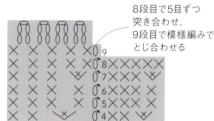

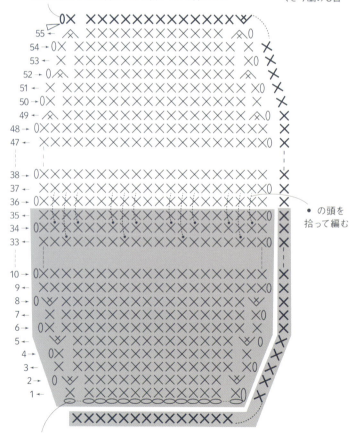

段数	目数	増減数
9		図参照
8	10目	増減なし
7	10目	+2目
5・6	8目	増減なし
4	8目	+2目
2・3	6目	増減なし
1		わの作り目にこま編み6目編み入れる

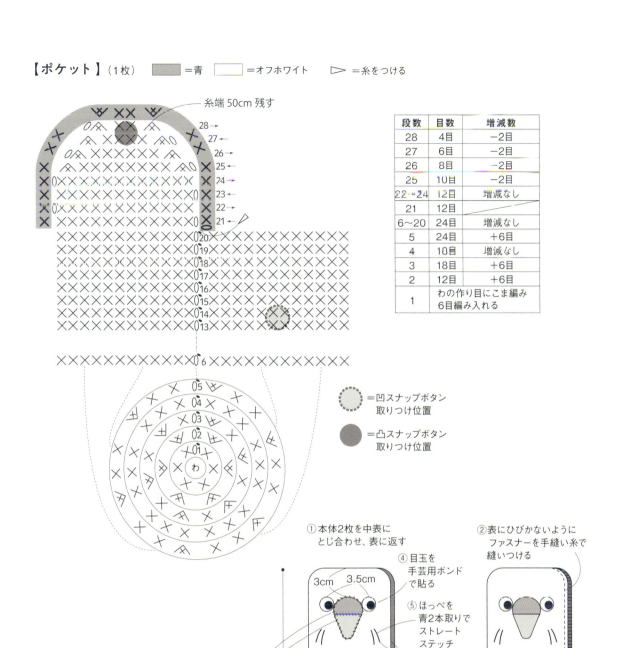

41

03 イヌとネコのペットボトルカバー

→ photo P.08

【本体】(1枚)　□=赤・青　□=オフホワイト　①〜⑨ネコ・黒、イヌ・オフホワイト

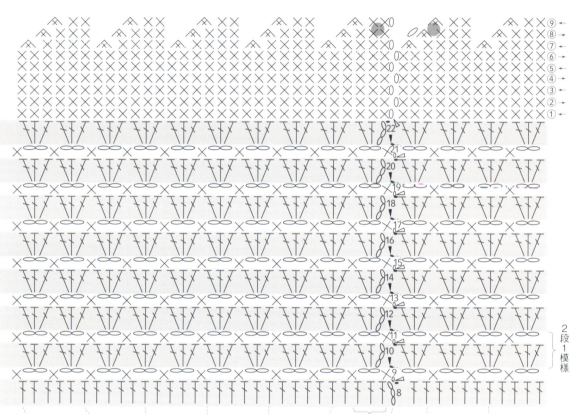

2段1模様

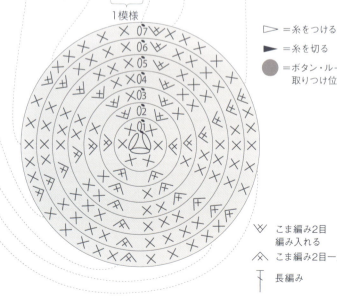

段数	目数	増減数
⑨	21目	−7目
⑧	28目	−7目
⑦	35目	−7目
①〜⑥	42目	増減なし
9〜22	図参照	
8	42目	増減なし
7	42目	+6目
6	36目	+6目
5	30目	+6目
4	24目	+6目
3	18目	+6目
2	12目	+6目
1	くさり編み3目の作り目にこま編み6目編み入れる	

▷ =糸をつける
▶ =糸を切る
● =ボタン・ループ取りつけ位置

⋎ =こま編み2目編み入れる
⋏ =こま編み2目一度
T =長編み

〈糸〉ハマナカ itoa あみぐるみが編みたくなる糸《並太》
イヌ：青（510）…14g、オフホワイト（501）…9g、黒（518）…4g、
レモンイエロー（507）…少々、赤（505）…少々、ハマナカ ピッコロ・黒（20）…少々
ネコ：赤（505）…14g、オフホワイト（501）…4g、黒（518）…6g、
レモンイエロー（507）…少々、ハマナカ ピッコロ・黒（20）…少々、
合細毛糸・白…少々
〈針〉かぎ針6/0号、4/0号（ボタンをとめるループ用）
〈その他〉ボタン直径10mm…各1個、手縫い糸（ネコ・赤、イヌ・紺）
〈ゲージ〉模様編み 19目12段 = 10cm
〈仕上がりサイズ〉図参照

〈作り方〉
① 本体を編み図のように糸をつけながら22段めまで編む。
偶数段ごとに糸を切ることで、立ち上がりの目が目立たなくなる。
② 顔の部分は往復編みで編む。
③ 各パーツを編み図のように編む。
④ 本体にボタンとループを編みつける。
⑤ マズルにわたを入れながら巻きかがりでとじつける。
⑥ 耳を巻きかがりでとじつける。
⑦ 鼻・口・目をステッチで作る。
⑧ ネコはひげを作ってから鼻をステッチで作る。

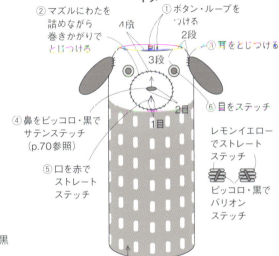

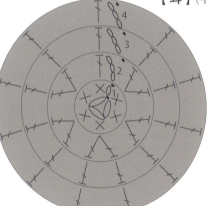

43

04 ゾウのティーコゼー
→ photo P.09

〈糸〉本体：ハマナカ itoa
あみぐるみが編みたくなる糸《並太》
赤（505）…27g、
ゾウ：ハマナカ itoa あみぐるみが編みたくなる糸
薄グレー（317）…6g、
ハマナカ ピッコロ・黒（20）、白（2）…少々
〈針〉かぎ針6/0号（本体）、4/0号（ゾウ）
〈仕上がりサイズ〉図参照

〈作り方〉
① トップを編み図のように作り、トップの左右1目ずつを開けて、側面を編む
② ゾウの各パーツを編み図のように編む。
③ 頭と胴をわたを詰めながらとじつける。
④ 耳・足をわたを詰めとじつける。
⑤ 鼻をつける側を平らにしてとじつける。
⑥ 目をステッチで作る。
⑦ 本体にゾウをとじつける。

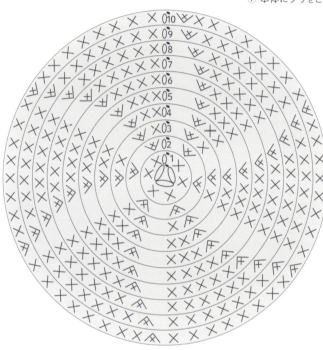

【本体・トップ】(1枚) □＝赤

段数	目数	増減数
10	60目	＋6目
9	54目	＋6目
8	48目	＋6目
7	42目	＋6目
6	36目	＋6目
5	30目	＋6目
4	24目	＋6目
3	18目	＋6目
2	12目	＋6目
1	くさり編み3目の作り目にこま編み6目編み入れる	

【本体・側面】(2枚) □＝赤 ▷＝糸をつける ●＝◇

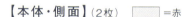

本体・トップの10段めを拾いながら編む

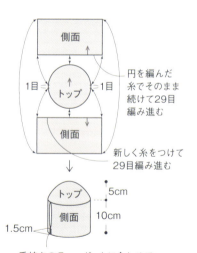

手持ちのティーポットに合わせて、両端の裾を巻きかがる

∨ こま編み2目編み入れる
∧ こま編み2目一度
┬ 長編み
◇ 長編み3目の玉編み

44

【頭】(1枚) □=薄グレー

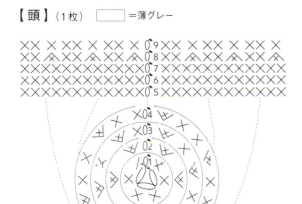

段数	目数	増減数
9	18目	増減なし
8	18目	－6目
5～7	24目	増減なし
4	24目	＋6目
3	18目	＋6目
2	12目	＋6目
1	くさり編み3目の作り目にこま編み6目編み入れる	

【胴】(1枚) □=薄グレー

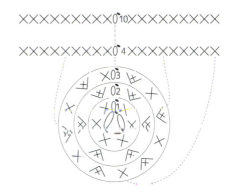

段数	目数	増減数
5～10	18目	増減なし
4	18目	増減なし
3	18目	＋6目
2	12目	＋6目
1	くさり編み3目の作り目にこま編み6目編み入れる	

【足】(4枚) □=薄グレー / 【鼻】(1枚) □=薄グレー

段数	目数	増減数
2～6	8目	増減なし
1	くさり編み3目の作り目にこま編み8目編み入れる	

段数	目数	増減数
2～6	5目	増減なし
1	くさり編み3目の作り目にこま編み5目編み入れる	

【耳】(2枚) □=薄グレー

段数	目数	増減数
2	16目	＋8目
1	くさり編み3目の作り目にこま編み8目編み入れる	

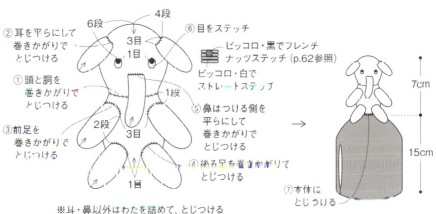

※耳・鼻以外はわたを詰めて、とじつける

05 シロクマのティッシュボックスカバー

→ photo P.10

〈糸〉ハマナカ itoa あみぐるみが編みたくなる糸
パステルグリーン(325)…30g 白(301)…18g、
〈針〉かぎ針4/0号
〈その他〉25番刺繍糸・茶…適量
〈仕上がりサイズ〉図参照

〈作り方〉
① 本体を作る。中央の白部分を2枚編み、編み終わり部分を2目重ね、図のように66目拾って、編み図のように編む。反対側も同じように編む。●同士、○同士をとじ合わせる。
② 縁編みを1周し、図の位置にくさり編み2本をし、ひもを作る。
③ 耳を図のように編み、とじつける。
④ 目・鼻・鼻筋をステッチする

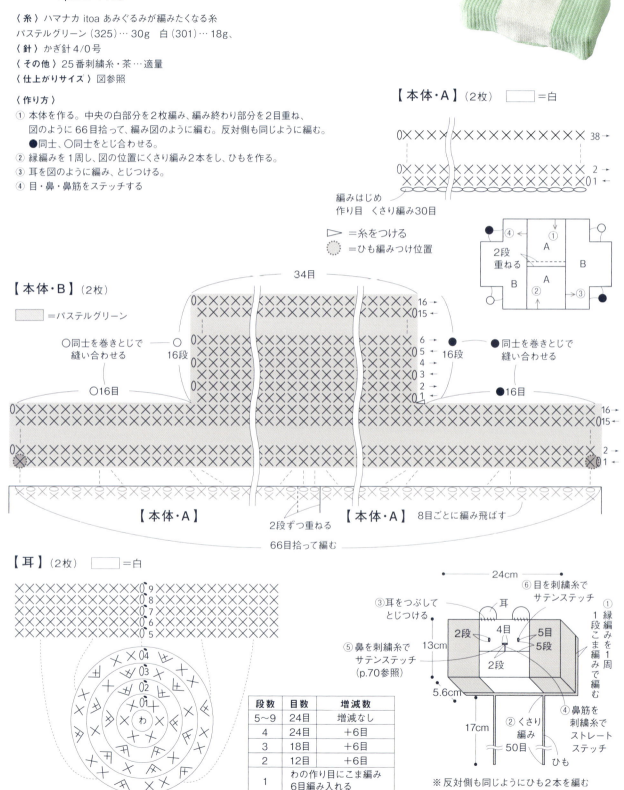

06 アヒルのポケットティッシュケース
→ photo P.10

〈糸〉ハマナカ itoa あみぐるみが編みたくなる糸
ブルー：クリームイエロー（321）…3g、山吹（308）…2g、パステルブルー（326）…15g
グリーン：クリームイエロー（321）…3g、山吹（308）…2g、パステルグリーン（325）…15g
〈針〉かぎ針4/0号
〈その他〉ネオクリーンわたわた（H405-401）…各3g、
あみぐるみ EYE アニマルアイ0.5×5mm・ブラック（H221-205-1）…各1組、手芸用ボンド
〈仕上がりサイズ〉図参照

〈作り方〉
① 本体を往復編みで編み図のとおりに編む。
② 側面を編み図のとおりに編む。
③ 本体★と☆　●と◎を巻きかがりで編みつなぎ、
　側面を図のようにとじ合わせて組み立て、とじつけてから本体を裏表に返す。
④ 本体の開き口の目を拾い、顔を編む。
⑤ アヒルの顔の4段めで外側に折り返して、くちばし（山吹）の6段めと2段めをとじ合わせる。
⑥ 顔にわたを入れながら本体にとじつける。
⑦ 目に手芸用ボンドをつけ、顔の指定の位置に差し込む。

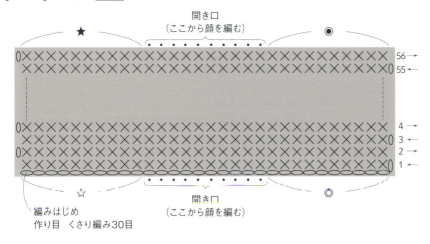

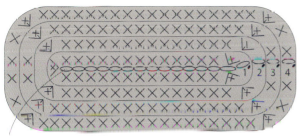

【顔・くちばし】(1枚) □=クリームイエロー ▨=山吹

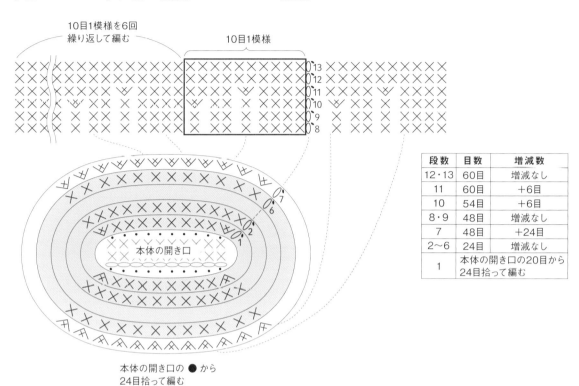

段数	目数	増減数
12・13	60目	増減なし
11	60目	+6目
10	54目	+6目
8・9	48目	増減なし
7	48目	+24目
2〜6	24目	増減なし
1	本体の開き口の20目から24目拾って編む

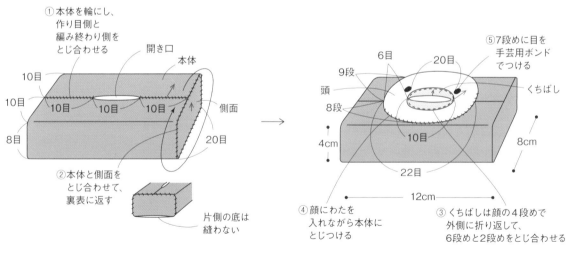

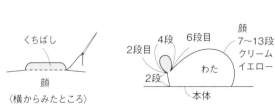

48

07 ライオンのトイレットペーパーカバー
→ photo P.11

〈糸〉ピンク：ハマナカ itoa あみぐるみが編みたくなる糸　パステルピンク(324)…20g、金茶(316)…5g、
オフホワイト(302)…少々、ハマナカ itoa あみぐるみが編みたくなる糸《並太》　茶色(514)…5g
パープル：ハマナカ itoa あみぐるみが編みたくなる糸　パステルパープル(327)…29g、金茶(316)…5g、
オフホワイト(302)…少々、ハマナカ itoa あみぐるみが編みたくなる糸《並太》　茶色(514)…5g
〈針〉かぎ針4/0号
〈その他〉ネオクリーンわたわた(H405-401)…3g、あみぐるみヒヤヒ　ソリッドアイ6mm・
ブラック(H221-306-1)…各1組、あみぐるみノーズ9mm・ブラック(H220-000-1)…1個、手芸用ボンド
〈仕上がりサイズ〉図参照

〈作り方〉
① 各パーツを編み図のように編む。
　 頭・耳は裏表に返す。
② 頭部にわたを入れ、本体にとじつける。
③ 頭部に耳・口まわりをとじつける。
④ 目・鼻に手芸用ボンドをつけ、頭部の指定の位置に差し込む。
⑤ 茶色の毛糸を8cm×126本にカットする。
⑥ 頭部の指定の位置に⑤のフリンジを結びつけ、
　 ハサミで顎下のはみ出る部分をカットして形を整え、
　 たてがみを作る。

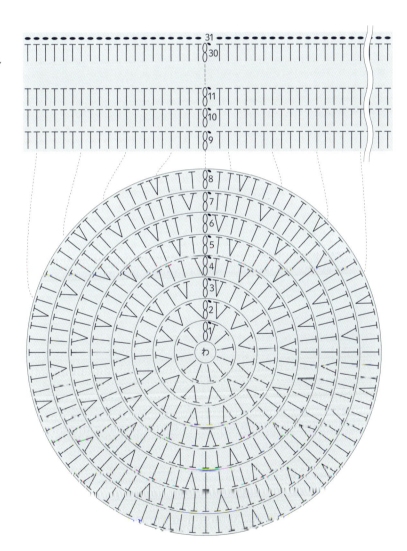

【カバー本体】(1枚)

　　=パステルピンク・パステルパープル

段数	目数	増減数
9〜31	95目	増減なし
8	95目	+12目
7	83目	+12目
6	71目	+12目
5	59目	+12目
4	47目	+12目
3	35目	+12目
2	23目	+12目
1	わの作り目に中長編み11目編み入れる	

∨　こま編み2目編み入れる
∧　こま編み2目一度
┬　中長編み

【頭部】（1枚） ☐=金茶　裏面を表として使う

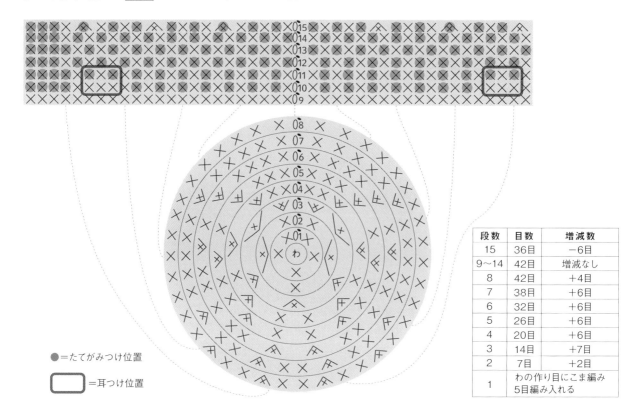

●=たてがみつけ位置

☐=耳つけ位置

段数	目数	増減数
15	36目	−6目
9〜14	42目	増減なし
8	42目	+4目
7	38目	+6目
6	32目	+6目
5	26目	+6目
4	20目	+6目
3	14目	+7目
2	7目	+2目
1	わの作り目にこま編み5目編み入れる	

【耳】（2枚） ☐=金茶　裏面を表として使う

【口まわり】（2枚） ☐=オフホワイト

〈たてがみ（茶色）の作り方〉

① 毛糸を8cmにカットし、126本作る
② 半分に折った毛糸を頭部の●の位置に毛糸を通す
③ 矢印のように輪に通す
④ こま編みの足にフリンジのたてがみを126本つける

段数	目数	増減数
4	15目	+3目
3	12目	+3目
2	9目	+3目
1	わの作り目にこま編み6目編み入れる	

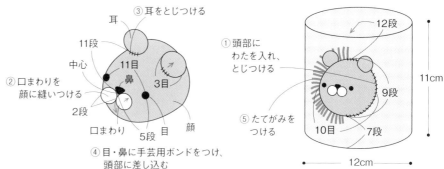

① 頭部にわたを入れ、とじつける
② 口まわりを顔に縫いつける
③ 耳をとじつける
④ 目・鼻に手芸用ボンドをつけ、頭部に差し込む
⑤ たてがみをつける

08 メンダコのなりきり帽子
→ photo P.12

〈糸〉ハマナカ itoa あみぐるみが編みたくなる糸《並太》ベビーピンク(504)…60g
〈針〉かぎ針9/0号
〈その他〉山高ボタン9mm・ブラック(H220-609-1)…2個
〈ゲージ〉こま編み(2本取り) 11目14段=10cm
〈仕上がりサイズ〉図参照

〈作り方〉
糸は2本取りで編む。
① 本体を編み図のように編む。
② ヒレを編み図のように編む。
③ ヒレを中表に2つ折りにし、本体にとじつける。
④ 目を縫いつける。

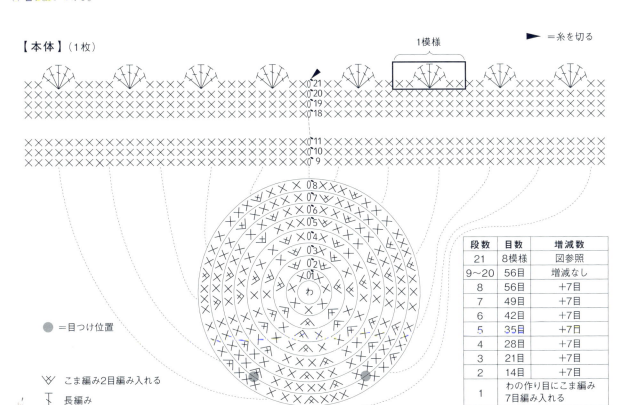

段数	目数	増減数
21	8模様	図参照
9〜20	56目	増減なし
8	56目	+7目
7	49目	+7目
6	42目	+7目
5	35目	+7目
4	28目	+7目
3	21目	+7目
2	14目	+7目
1	わの作り目にこま編み7目編み入れる	

09 ウサギの巾着

→ photo P.13

〈糸〉ハマナカ itoa あみぐるみが編みたくなる糸《並太》
オレンジ：ペールオレンジ（503）…30g
パープル：パステルパープル（512）…30g
〈針〉かぎ針7/0号（本体、耳）、5/0号（ひも、飾り玉）
〈その他〉あみぐるみEYE 山高ボタン5mm（H220-605-1）…各3個
〈仕上がりサイズ〉図参照

〈作り方〉
① 本体を編み図のように段の最後で引き抜きと立ち上がりを編まずにぐるぐると編む。
② 耳を編み図のように段の最後で引き抜きと立ち上がりを編まずにぐるぐると編む。
③ 耳を本体にとじつける。
④ ひもと飾り玉を編み図のように編む。
⑤ 本体にひもを通し、両端をそろえて結び、結び目に飾り玉をつける。反対側も同様にする。
⑥ 目・鼻を縫いつける。

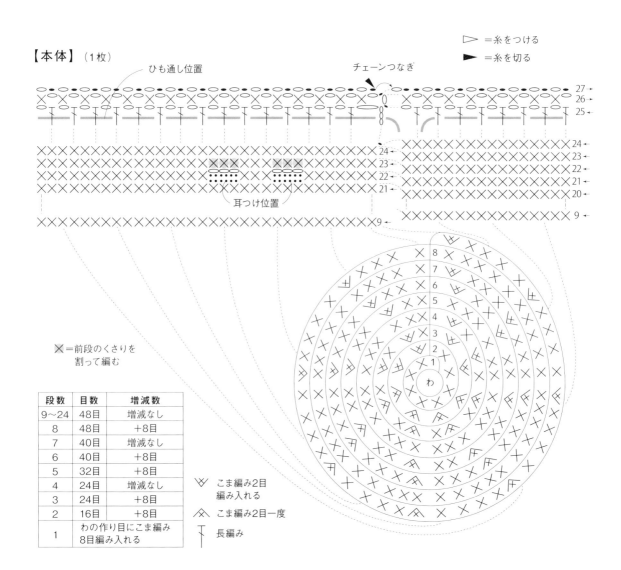

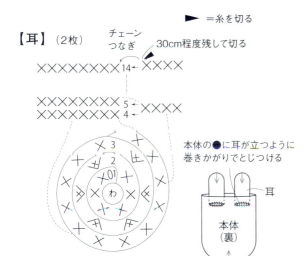
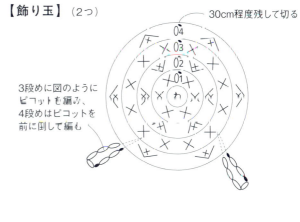

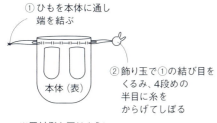

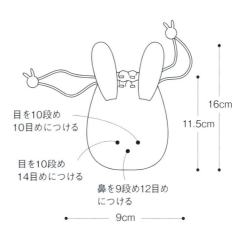

10 ネズミのキッズミトン

→ photo P.14

〈 糸 〉ハマナカ itoa あみぐるみが編みたくなる糸
グレー（328）…22g、合細毛糸・黒…少々
〈 針 〉かぎ針4/0号
〈 仕上がりサイズ 〉図参照

〈 作り方 〉
① 本体を編み図のように編み、親指穴から親指を編む。
② 耳を編む。
③ 耳をかがりつける。
④ ひげをp.43を参照して作り、鼻をステッチで作る。
⑤ 目をステッチで作る。

記号:
- ∨ = こま編み2目編み入れる
- ∧ = こま編み2目一度
- │ = 長編み
- 長編みの表引き上げ編み（P.35参照）
- 長編みの裏引き上げ編み（P.35参照）
- ▷ = 糸をつける
- ▶ = 糸を切る

【本体】（2枚）　□=グレー

編み終わりの糸を最終段に通し引きしぼる

手のひら側 / 甲側

左親指穴6目　右親指穴6目

親指の編みはじめ

(36目)

(32目)

編みはじめ
作り目　くさり編み32目　　●=拾い目位置

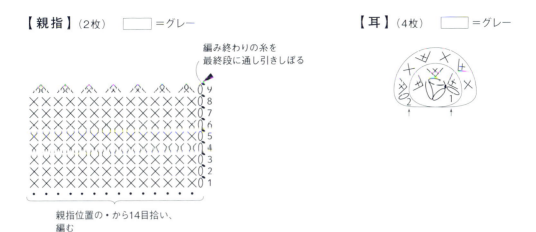

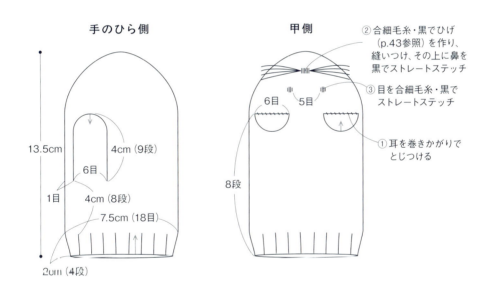

55

11 ナマケモノのマフラー
→ photo P.15

〈糸〉ハマナカ itoa あみぐるみが編みたくなる糸《並太》
ベージュ(516)…10g、茶色(514)…5g、金茶(515)…10g
〈針〉かぎ針7/0号
〈その他〉スナップボタン直径17mm…2組
〈仕上がりサイズ〉図参照

〈作り方〉
① 足を編み図のように編む。
② 胴体を足から図のように目を拾いつなげて編む。同じものをもう1枚作る。
③ 顔を1枚は2色で、1枚は1色で編み図のように編む。
④ 目まわりを編み図のように編む。
⑤ 胴体をつなぎ、足にそれぞれスナップボタンをつける。
⑥ 顔のパーツを作り、顔を2枚巻きかがり、胴体に顔をとじつける。

【足】(2枚) □=金茶

段数	目数	増減数
16〜24	24目	増減なし
15	24目	+2目
12〜14	22目	増減なし
11	22目	+2目
9〜10	20目	増減なし
8	20目	+2目
7	18目	+2目
6	16目	+2目
5	14目	+2目
4	12目	+2目
3	10目	+2目
2	8目	+2目
1	わの作り目にこま編み6目編み入れる	

⋎ こま編み2目編み入れる
丅 中長編み
丅 長編み

【胴体】(2枚) □=金茶

段数	目数	増減数
9〜42	54目	増減なし
8	54目	+2目
3〜7	52目	増減なし
2	52目	+4目
1	48目	足の24段めから拾って編む

この形を2個作る
足
胴体

【目まわり】(2枚)

■ =茶色

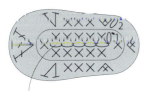

編みはじめ
作り目 くさり編み5目

【顔】(2枚)

□ =ベージュ　□ =金茶

※もう1枚はすべて金茶で作る

段数	目数	増減数
10	64目	+6目
9	58目	+6目
8	52目	+6目
7	46目	+6目
6	40目	+6目
5	34目	+6目
4	28目	+6目
3	22目	+6目
2	16目	+6目
1	10目	くさり編み4目の作り目にこま編みを編む

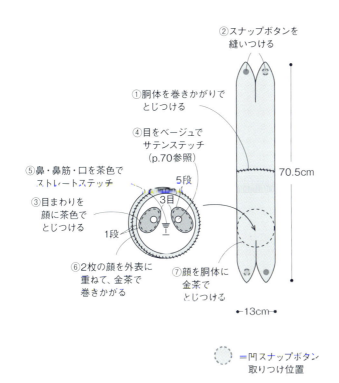

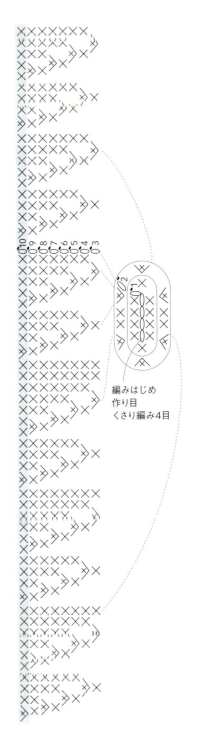

編みはじめ
作り目
くさり編み4目

57

12 クマのスマホショルダー

→ photo P.16

〈糸〉ハマナカ itoa あみぐるみが編みたくなる糸　薄グレー（317）…30g
黒（318）…少々
〈針〉かぎ針4/0号
〈その他〉編みつける口金（11cm）・アンティーク（H207-023-4）…1組
ナスカンつきショルダーストラップ（約120cm）…1本
〈仕上がりサイズ〉図参照

〈作り方〉
① 後ろ足・前足・耳・しっぽを編み図のように編む。
② 後ろ足1と後ろ足2をくさり22目でつなぐ。
③ 本体を後ろ足1・2とくさり22目から図のように拾って、往復編みで編み図のように40段まで編む。続けて①段から⑩段も表側と裏側に編む。
④ 縁編みは口金を編みくるみながら編み地を拾う。
⑤ 前足・耳・しっぽをとじつける。
⑥ 目・鼻・鼻筋をステッチで作る。

【後ろ足】(2枚)

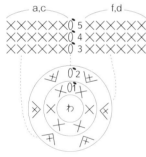

段数	目数	増減数
3〜5	12目	増減なし
2	12目	+6目
1	わの作り目にこま編み6目編み入れる	

【前足】(2枚)

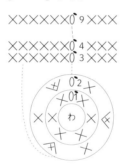

段数	目数	増減数
3〜9	9目	増減なし
2	9目	+3目
1	わの作り目にこま編み6目編み入れる	

【耳】(2枚)

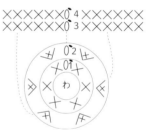

段数	目数	増減数
3・4	12目	増減なし
2	12目	+6目
1	わの作り目にこま編み6目編み入れる	

【しっぽ】(1枚)

段数	目数	増減数
3	6目	−3目
2	9目	+3目
1	わの作り目にこま編み6目編み入れる	

∨ こま編み2目編み入れる
∧ こま編み2目一度
∨ こま編み3目編み入れる

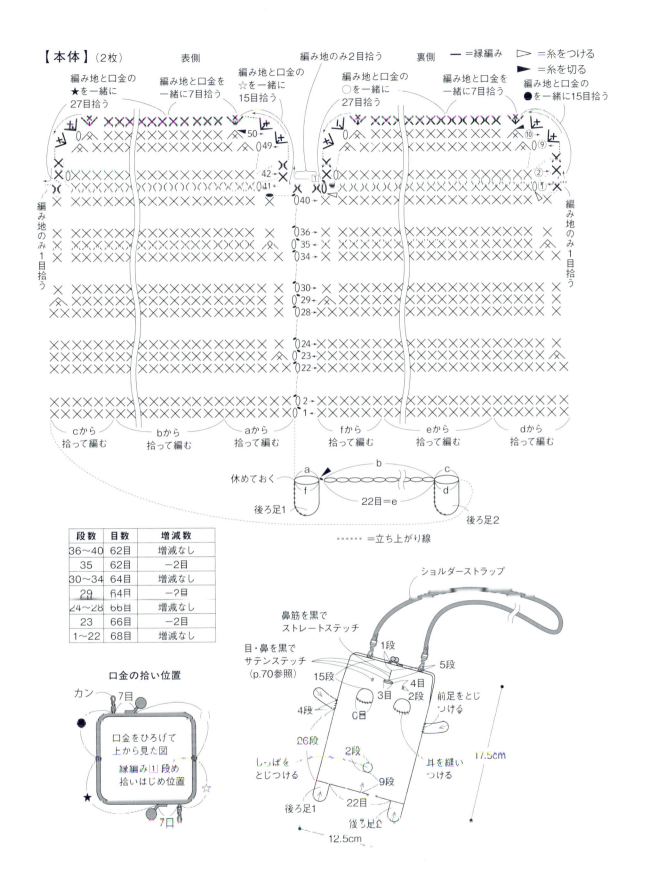

13 レッサーパンダのマフラー

→ photo P.17

【本体】(1枚)　■=茶色　□=金茶　□=オフホワイト

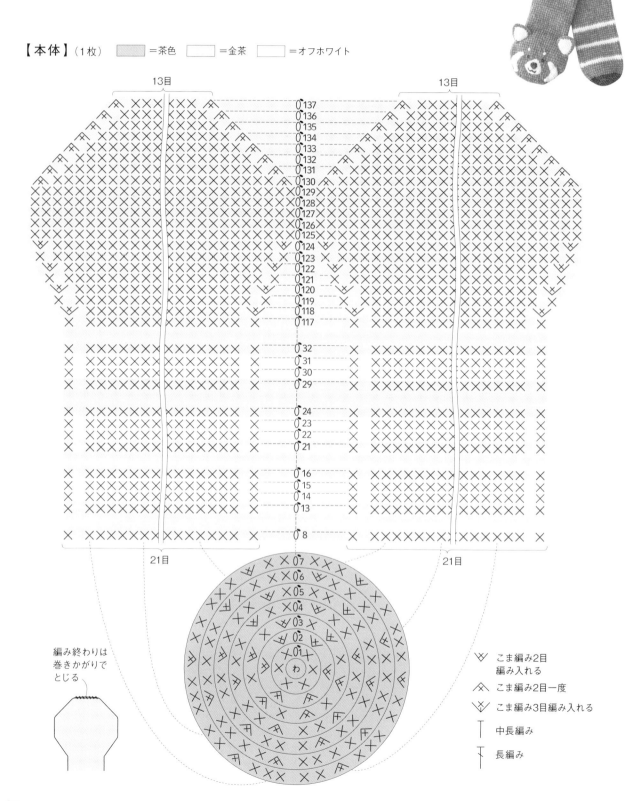

編み終わりは巻きかがりでとじる

∨ こま編み2目編み入れる
∧ こま編み2目一度
∨ こま編み3目編み入れる
T 中長編み
T 長編み

〈糸〉ハマナカ itoa あみぐるみが編みたくなる糸《並太》
金茶（515）…94g、茶色（514）…4g、オフホワイト（501）…8g
〈針〉かぎ針7/0号
〈仕上がりサイズ〉図参照

〈作り方〉
① 本体を作る。最後は巻きかがりでとじる。
② 鼻・ほほ・口まわりを作り、本体にとじつける。
③ 耳を作る。3段目まで2枚編み、外表に重ねて一緒に縁編みをする。
④ 目・まゆ毛・口をステッチで作る。
⑤ 通し口を作り、本体にとじつける。

本体（1枚）

段数	目数	増減数
137	26目	－4目
136	30目	－4目
135	34目	－4目
134	38目	－4目
133	42目	－4目
132	46目	－4目
131	50目	－4目
130	54目	－4目
125～129	58目	増減なし
124	58目	＋4目
123	54目	増減なし
122	54目	＋4目
121	50目	増減なし
120	50目	＋4目
119	46目	増減なし
118	46目	＋4目
8～117	42目	増減なし
7	42目	＋6目
6	36目	＋6目
5	30目	＋6目
4	24目	＋6目
3	18目	＋6目
2	12目	＋6目
1	わの作り目にこま編み6目編み入れる	

【口まわり】（3段目まで、オフホワイト1枚）・【耳】（オフホワイト、金茶各2枚）

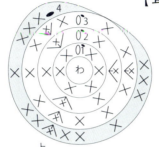

□＝オフホワイト　■＝金茶

※耳は3段目までオフホワイトと金茶の2枚を編み、外表に重ねて、金茶で4段目の縁編みをする

段数	目数	増減数
3	18目	＋6目
2	12目	＋6目
1	わの作り目にこま編み6目編み入れる	

【ほほ】（2枚）　□＝オフホワイト　　【鼻】（1枚）　■＝茶色

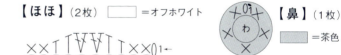

①筒状に編む → ②つぶす

【通し口】（1枚）　■＝金茶

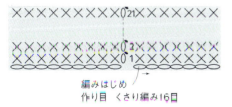

編みはじめ　作り目　くさり編み16目

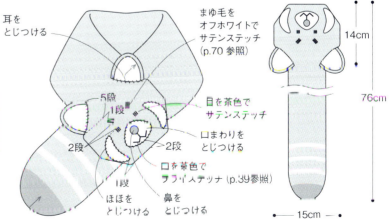

14 もこもこヒツジの小物入れ

→ photo P.18

〈糸〉ハマナカ itoa あみぐるみが編みたくなる糸
白(本体):白(301)…15g、黒(318)…5g、
ベージュ(本体):薄ベージュ(303)…15g、白(301)…5g、黒(318)…少々
〈針〉かぎ針4/0号
〈その他〉ネオクリーンわたわた(H405-401)…各1g
〈仕上がりサイズ〉図参照

〈作り方〉
① 本体を編み図のように編み、編み終わりを巻きかがりで縫いとじ、編みはじめを内側にくぼませる。
② 足・頭を編み図のように編む。
③ わたを詰めながら頭を本体にとじつける。
④ わたを詰めながら足を本体にとじつける。
⑤ 目をステッチで作る。

【頭】(1枚) □=黒・白

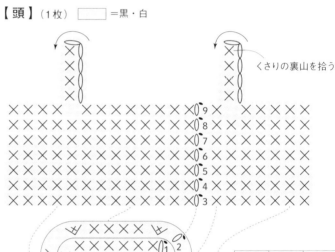

【足】(4枚) □=黒・白

段数	目数	増減数
2〜4	7目	増減なし
1		わの作り目にこま編み7目編み入れる

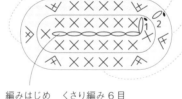

編みはじめ くさり編み6目

段数	目数	増減数
9		図参照
3〜8	20目	増減なし
2	20目	+6目
1		くさり編み6目の作り目にこま編み14目編み入れる

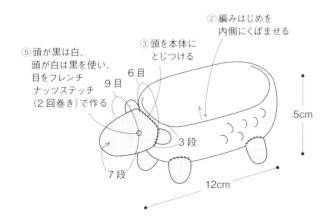

⑤ 頭が黒は白、頭が白は黒を使い、目をフレンチナッツステッチ(2回巻き)で作る

② 編みはじめを内側にくぼませる
③ 頭を本体にとじつける

6目
9段
3段
7段
5cm
12cm

下から見たところ

① 本体の最終段の頭目を巻きはぎする
④ 足を本体にとじつける

1段
1段

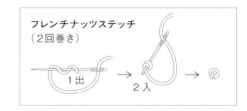

フレンチナッツステッチ
(2回巻き)

1出
2入

62

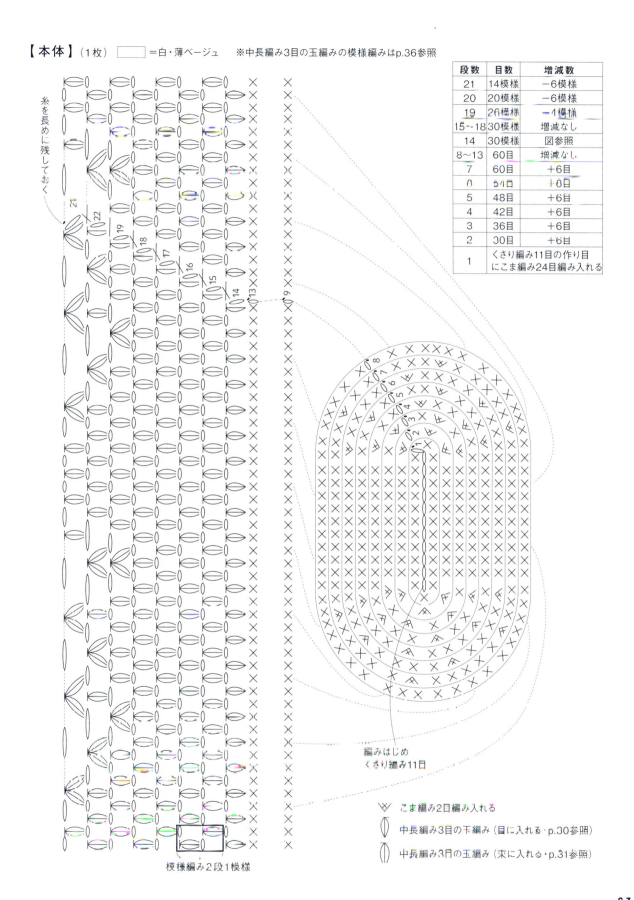

15 わんわんリストレスト
→ photo P.18

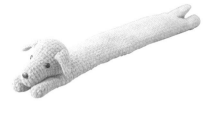

〈糸〉ハマナカ itoa あみぐるみが編みたくなる糸 ベージュ（319）…71g
〈針〉かぎ針5/0号
〈その他〉ハマナカ コミックアイ 9mm（H220-409）…1組、
ハマナカ アニマルアイ 11×8mm（H221-208-1）…1個、
ペレット（H204-547）…200g
〈仕上がりサイズ〉図参照

〈作り方〉糸は2本どりで編む。
① 胴体を編む。作り目のくさり編み30目を編み、こま編みを往復編みで30段まで編む。
　筒状の本体を潰し、編みはじめを巻きかがりで閉じ、ペレットを入れ、
　編み終わりの糸で巻きかがりで閉じる。
② 各パーツを編み図のとおりに編む。
③ 前足・後ろ足・しっぽにペレットを入れ、胴体に図のようにとじつける。
④ 頭と鼻先にペレットを入れながら、図のように縫い合わせる。
　耳を図の位置にとじつける。
⑤ 目・鼻を手芸用ボンドをつけ、頭部の指定の位置に差し込む。
⑥ 頭を胴体に★の位置でとじつける。

【前足】（2枚）

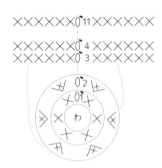

段数	目数	増減数
3〜11	12目	増減なし
2	12目	＋6目
1	わの作り目にこま編み6目編み入れる	

【胴体】（1枚） ※わの往復編みはp.36参照

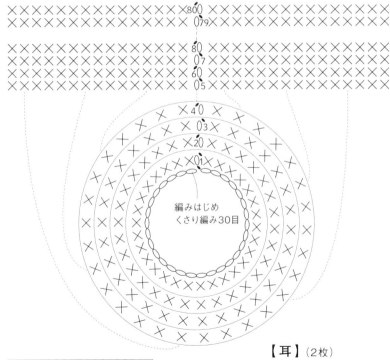

段数	目数	増減数
2〜80	30目	増減なし
1	くさり編み30目の作り目にこま編みを30目編み入れる	

【後ろ足】（2枚）

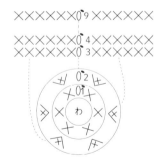

段数	目数	増減数
3〜9	12目	増減なし
2	12目	＋6目
1	わの作り目にこま編み6目編み入れる	

【耳】（2枚）

編みはじめ
作り目　くさり編み6目

∨ こま編み2目編み入れる
∧ こま編み2目一度
∨ こま編み3目編み入れる

【頭】(1枚)

段数	目数	増減数
13	24目	増減なし
12	24目	−6目
11	30目	増減なし
10	30目	−5目
9	35目	増減なし
5	36目	増減なし
4	28目	+7目
3	21目	+7目
2	14目	+7目
1	わの作り目にこま編み7目編み入れる	

⋎ こま編み2目編み入れる
⋏ こま編み2目一度

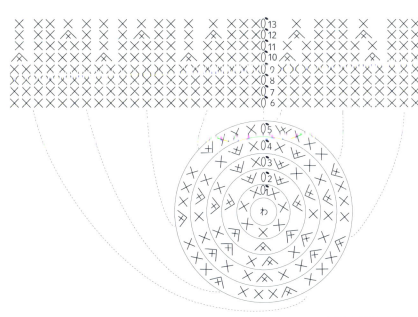

【しっぽ】(1枚)

段数	目数	増減数
4〜9	8目	増減なし
3	8目	+2目
2	6目	+2目
1	わの作り目にこま編み4目編み入れる	

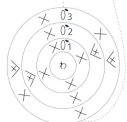

【鼻先】(1枚)

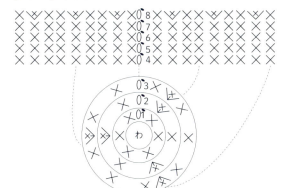

段数	目数	増減数
8	24目	+6目
4〜7	18目	増減なし
3	18目	+6目
2	12目	+6目
1	わの作り目にこま編み6目編み入れる	

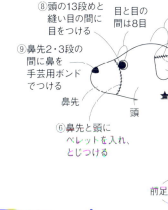

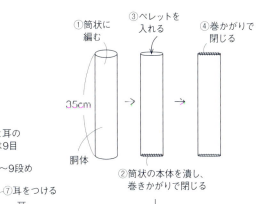

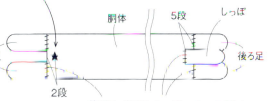

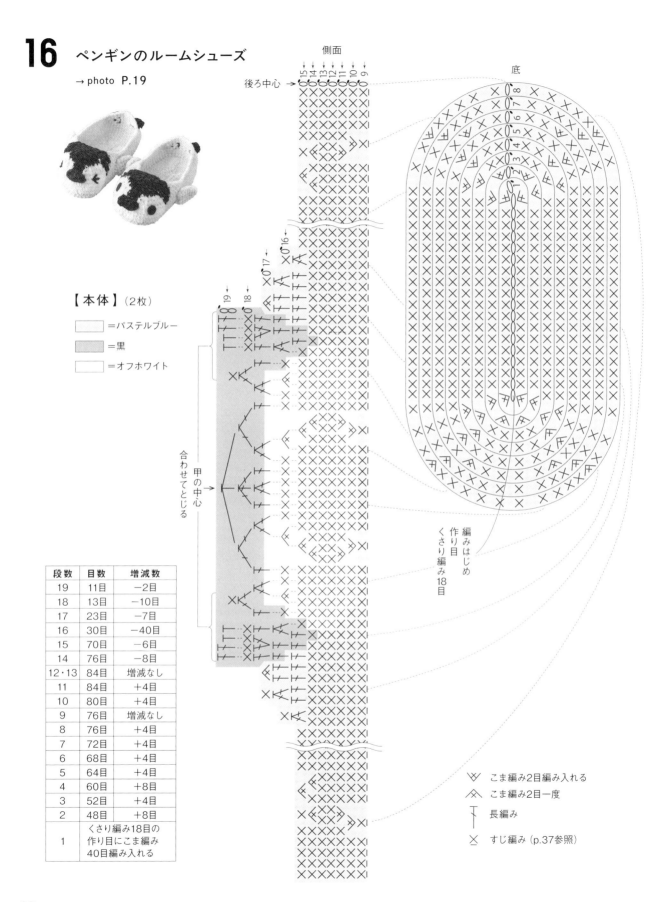

〈糸〉ハマナカ itoa
あみぐるみが編みたくなる糸《並太》
パステルブルー（511）… 40g、黒（518）… 8g、
オフホワイト（501）… 6g
〈針〉かぎ針 8/0号
〈その他〉フェルト・黒 2×2cm … 2枚
〈仕上がりサイズ〉図参照

〈作り方〉
① 本体を底から編み図のように編む。
② パーツを編み図のように編む。
③ 本体にくちばし・羽・足をとじつける。
④ 目の片方を手芸用ボンドでつけ、
　もう片方はステッチで作る。

【くちばし】(2枚) ▨ =黒

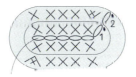

編みはじめ
作り目　くさり編み5目

段数	目数	増減数
2	12目	＋2目
1	くさり編み6目の作り目にこま編み10目編み入れる		

【足】(4枚) ▨ =黒

編みはじめ
作り目　くさり編み3目

段数	目数	増減数
2	6目	増減なし
1	くさり編み3目の作り目にこま編み6目編み入れる		

【目】(2枚) ▨ =フェルト・黒

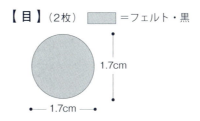

1.7cm × 1.7cm

【羽】(4枚) ▨ =パステルブルー

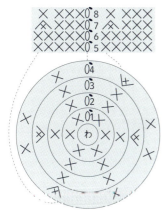

段数	目数	増減数
8	8目	増減なし
7	8目	－2目
5・6	10目	増減なし
4	10目	＋2目
3	8目	＋2目
2	6目	増減なし
1	わの作り目にこま編み6目編み入れる	

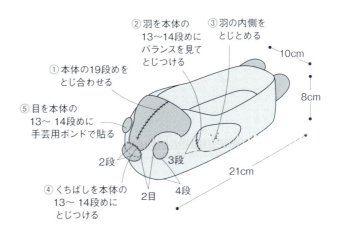

② 羽を本体の13～14段めにバランスを見てとじつける
③ 羽の内側をとじとめる
① 本体の19段めをとじ合わせる
⑤ 目を本体の13～14段めに手芸用ボンドで貼る
④ くちばしを本体の13～14段めにとじつける
10cm
8cm
21cm
2段　3段　4段

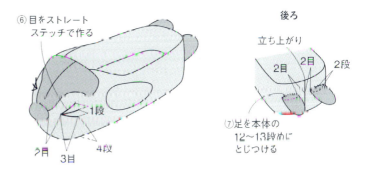

⑥ 目をストレートステッチで作る
後ろ
立ち上がり
⑦ 足を本体の12～13段めにとじつける
2目　2目　2段
1段　2目　3目　4段

67

17 サメぐるみスリッパ

→ photo P.20

〈糸〉ハマナカ itoa あみぐるみが編みたくなる糸
ベビーピンク（304）…50g、薄グレー（317）…50g、白（301）…5g、
〈針〉かぎ針4/0号
〈その他〉室内履き用フェルト底・23cm（H204-594）…1組、
25番刺繍糸・紺…適量
〈仕上がりサイズ〉図参照

〈作り方〉
① 各パーツを編む。
② 底を作る。
③ 本体を作る。
④ 本体に歯をとじつける。
⑤ 背ビレ・胸ビレを本体にとじつける。
⑥ 目を刺繍する。

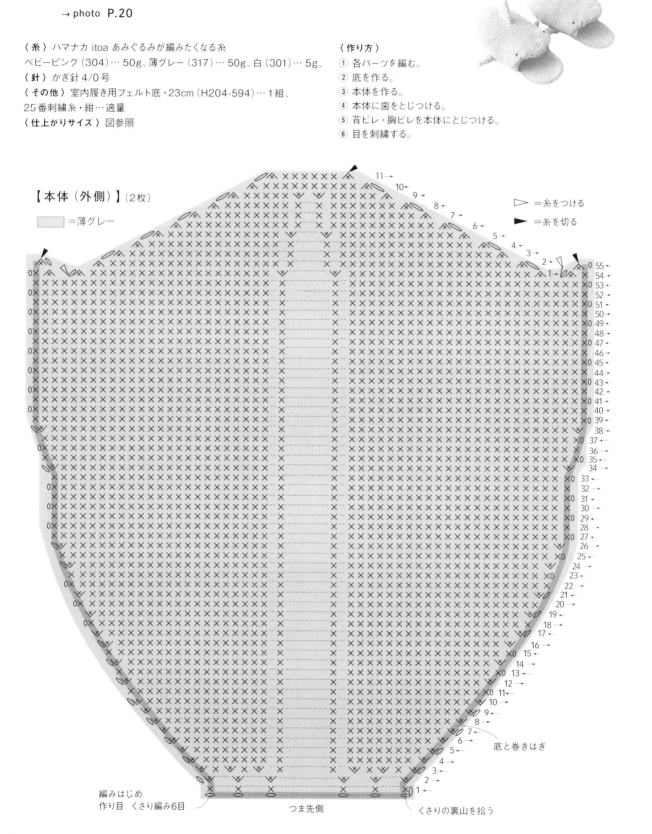

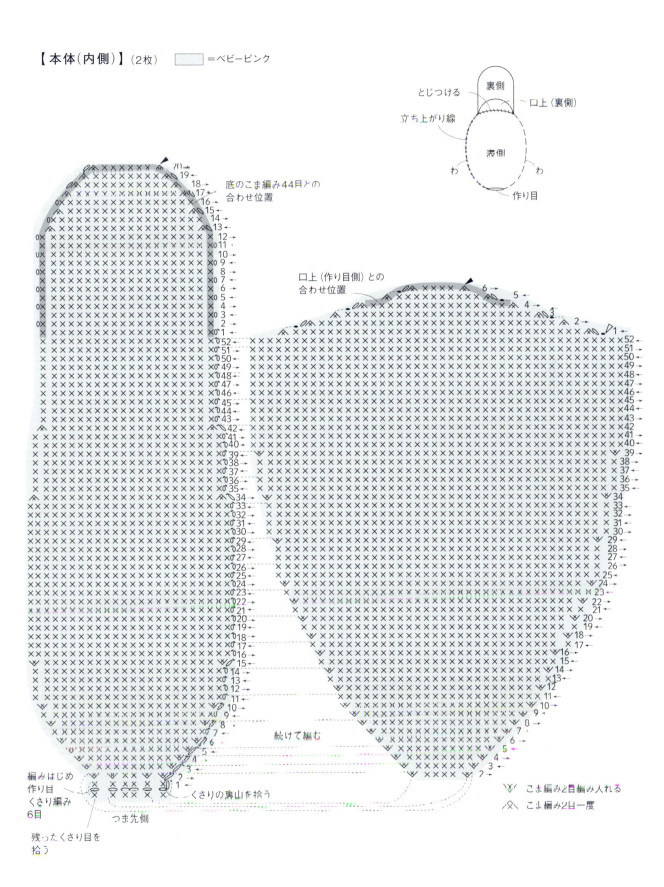

【胸ビレ】(4枚) □=薄グレー・白

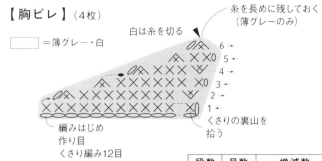

段数	目数	増減数
6	1目	−2目
5	3目	−3目
4	6目	−2目
3	8目	−3目
2	11目	−1目
1	くさり編み12目の作り目にこま編みを編む	

【口上】(2枚) □=薄グレー

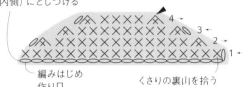

段数	目数	増減数
4	6目	−4目
3	10目	−4目
2	16目	−2目
1	くさり編み18目の作り目にこま編みを編む	

【背ビレ】(2枚) □=薄グレー

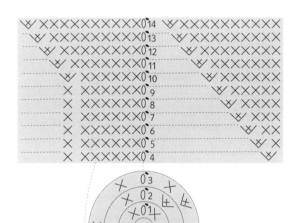

段数	目数	増減数
14	24目	+2目
13	22目	+2目
12	20目	+2目
11	18目	+2目
10	16目	+2目
9	14目	+1目
8	13目	+1目
7	12目	+1目
6	11目	+1目
5	10目	+1目
4	9目	+1目
3	8目	+1目
2	7目	+1目
1	わの作り目にこま編み6目編み入れる	

【歯】(2枚) □=白

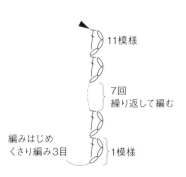

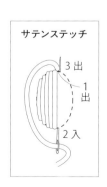

サテンステッチ

【底】(2枚) ■=薄グレー

①フェルト底の穴1つにつき、こま編み2目ずつ編み入れる

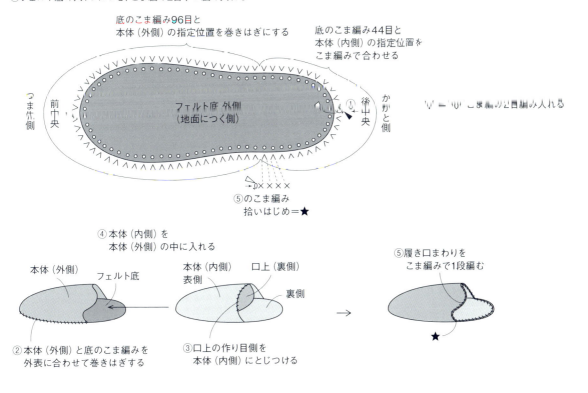

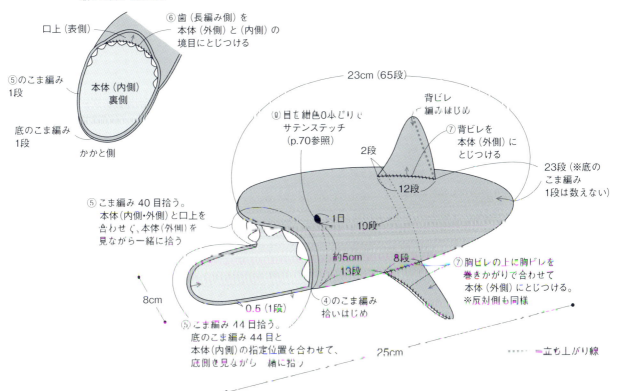

18 ステゴザウルスのがま口

→ photo P.21

〈糸〉ハマナカ itoa あみぐるみが編みたくなる糸
黄色：クリームイエロー（321）…25g、山吹（308）…6g、
緑：ネオンイエロー（331）…25g、ネオングリーン（334）…6g、
ピンク：ベビーピンク（304）…25g、ピンク（305）…6g
〈針〉かぎ針4/0号　〈その他〉編みつける口金（くし形）・金（H207-022-1）…各1組
ネオクリーンわたわた（H405-401）…各4g、25番刺繍糸・こげ茶　各50cm
〈仕上がりサイズ〉図参照

【本体】（1枚）　□=黄色：クリームイエロー・緑：ネオンイエロー・ピンク：ベビーピンク

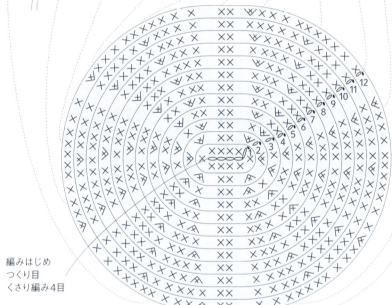

▷ =糸をつける
▶ =糸を切る

段数	目数	増減数
1	76目	増減なし
13～28	76目	増減なし
12	76目	+6目
11	70目	+6目
10	64目	+6目
9	58目	+6目
8	52目	+6目
7	46目	+6目
6	40目	+6目
5	34目	+6目
4	28目	+6目
3	22目	+6目
2	16目	+6目
1	くさり編み4目の作り目にこま編み10目編み入れる	

口金の拾い位置

【頭】（1枚）　□=黄色：クリームイエロー・緑：ネオンイエロー・ピンク：ベビーピンク

段数	目数	増減数
13	12目	増減なし
12	12目	-4目
11	16目	-4目
10	20目	-4目
5～9	24目	増減なし
4	24目	+6目
3	18目	+6目
2	12目	+6目
1	わの作り目にこま編み6目編み入れる	

〈作り方〉
① 本体を28段まで編み図のように編み、最終段は口金を編みくるみながら編み地を拾う。
② 頭・前足・後ろ足・しっぽを編み、わたを入れて引きしぼる。
③ 骨板の大と小を編み、残しておいた糸で本体にとじつける。
④ 本体に前足・後ろ足・頭・しっぽをとじつける。
⑤ 目をステッチで作る。

【後ろ足】(2枚)

□=黄色：クリームイエロー・緑：ネオンイエロー・ピンク：ベビーピンク

段数	目数	増減数
11	8目	－4目
3〜10	12目	増減なし
2	12目	＋6目
1	わの作り目にこま編み6目編み入れる	

【しっぽ】(1枚)

□=黄色：クリームイエロー・緑：ネオンイエロー・ピンク：ベビーピンク

【前足】(2枚)

□=黄色：クリームイエロー・緑：ネオンイエロー・ピンク：ベビーピンク

段数	目数	増減数
9	8目	－4目
3〜8	12目	増減なし
2	12目	＋6目
1	わの作り目にこま編み6目編み入れる	

段数	目数	増減数
11	24目	＋2目
10	22目	＋2目
9	20目	＋2目
8	18目	＋2目
7	16目	＋2目
6	14目	＋2目
5	12目	＋2目
4	10目	＋2目
3	8目	＋2目
2	6目	＋2目
1	わの作り目にこま編み4目編み入れる	

【骨板・大】(6枚)

□=黄色：山吹・緑：ネオングリーン・ピンク：ピンク

段数	目数	増減数
6	6目	－2目
5	8目	－2目
4	10目	＋2目
3	8目	＋2目
2	6目	＋2目
1	わの作り目にこま編み4目編み入れる	

【骨板・小】(4枚)

□=黄色：山吹・緑：ネオングリーン・ピンク：ピンク

段数	目数	増減数
4	6目	－2目
3	8目	＋2目
2	6目	＋2目
1	わの作り目にこま編み4目編み入れる	

骨板のとじつけ方

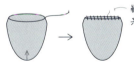

編み終わりの糸でとじつける

下から見た図　　上から見た図

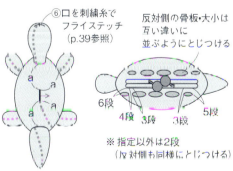

⑥ 口を刺繍糸でフライステッチ(p.39参照)

反対側の骨板・大小は互い違いに並ぶようにとじつける

※指定以外は2段（反対側も同様にとじつける）

a=12段　　------ 立ち上がり線

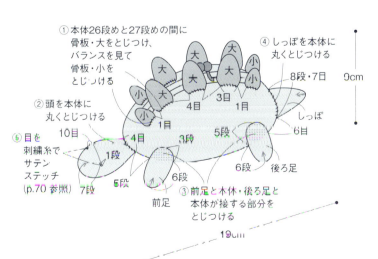

① 本体26段めと27段めの間に骨板・大をとじつけ、バランスを見て骨板・小をとじつける
② 頭を本体に丸くとじつける
④ しっぽを本体に丸くとじつける
③ 前足と本体・後ろ足と本体が接する部分をとじつける
⑤ 目を刺繍糸でサテンステッチ(p.70参照)

73

19 ヒツジの壁掛けオブジェ

→ photo P.22

〈糸〉ハマナカ itoa あみぐるみが編みたくなる糸　黒（318）…12g、
薄ベージュ（303）…12g、ベージュ（319）…14g
〈針〉かぎ針3/0号
〈その他〉ネオクリーンわたわた（H405-401）…4g、
あみぐるみEYE 山高ボタン9mm（H220-609-1）…1組
〈仕上がりサイズ〉図参照

【土台】（2枚）

▨ ＝黒
□ ＝ベージュ

※くさり3目の
引き抜きピコット
はp.37参照

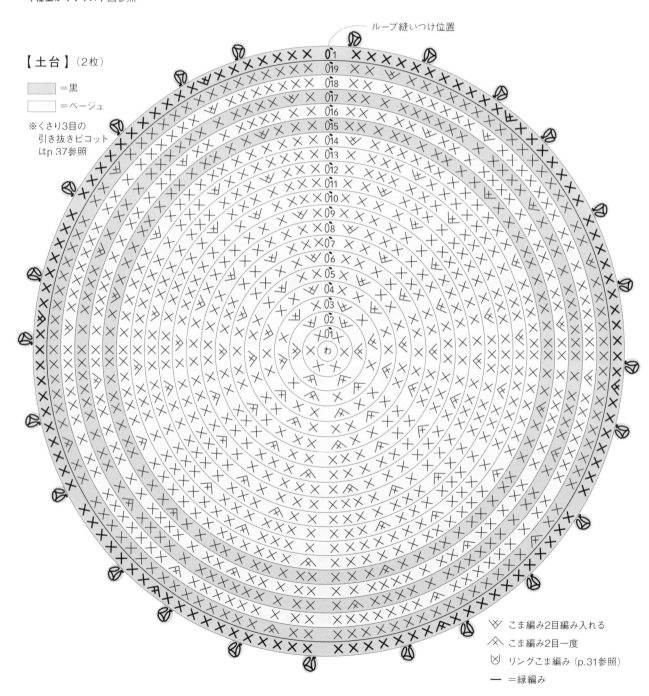

ループ縫いつけ位置

Ｖ こま編み2目編み入れる
∧ こま編み2目一度
⊌ リングこま編み（p.31参照）
— ＝縁編み

〈作り方〉
① 土台を編む。編み図のように糸色を変えながら、19段までを
   2枚編み、外表に合わせて、縁編みを2枚一緒に1段編む。
② ループを編み、土台に縫いつける。
③ 体・頭を1段目はこま編み6目、2段目以降はリング編みで
   図のとおりに編む。
④ 顔を図のとおりに編み、わたを入れて、
   編み終わりの糸ですくいしぼる。
⑤ 耳を図のとおりに編み、編み終わりの糸ですくいしぼる。
⑥ 土台、頭を体に図のようにとじつける。
⑦ 耳・頭を図のようにとじつける。
⑧ 鼻筋・口・鼻をステッチで作る。
⑨ 目を縫いつける。

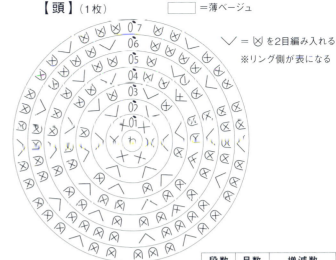

【頭】(1枚)　□=薄ベージュ

∨ = ⊠ を2目編み入れる

※リング側が表になる

【ループ】(1枚)　■=黒

編みはじめ　作り目 くさり編み15目

土台

段数	目数	増減数
19	114目	+6目
18	108目	+6目
17	102目	+6目
16	96目	+6目
15	90目	+6目
14	84目	+6目
13	78目	+6目
12	72目	+6目
11	66目	+6目
10	60目	+6目
9	54目	+6目
8	48目	+6目
7	42目	+6目
6	36目	+6目
5	30目	+6目
4	24目	+6目
3	18目	+6目
2	12目	+6目
1	わの作り目にこま編み6目編み入れる	

段数	目数	増減数
7	42目	+6目
6	36目	+6目
5	30目	+6目
4	24目	+6目
3	18目	+6目
2	12目	+6目
1	わの作り目にこま編み6目編み入れる	

【体】(1枚)　□=薄ベージュ

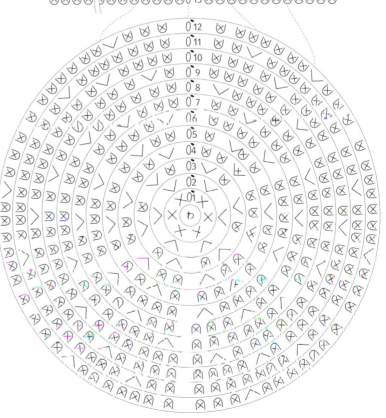

段数	目数	増減数
13・14	72目	増減なし
12	72目	+6目
11	66目	+6目
10	60目	+6目
9	54目	+6目
8	48目	+6目
7	42目	+6目
6	36目	+6目
5	30目	+6目
4	24目	+6目
3	18目	+6目
2	12目	+6目
1	わの作り目にこま編み6目編み入れる	

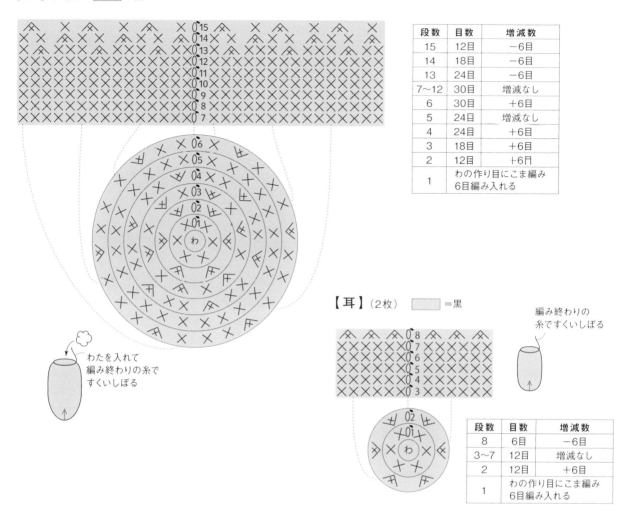
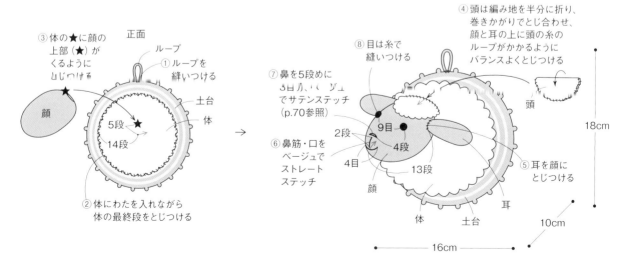

20 ハリネズミのピンクッション
→ photo P.22

〈糸〉ハマナカ itoa あみぐるみが編みたくなる糸《並太》
ベージュ：ベージュ (516)…15g、薄ベージュ (502)…5g
グレー：薄グレー (517)…15g、薄ベージュ (502)…5g
〈針〉かぎ針 6/0号
〈その他〉ネオクリーンわたわた (H405-401)…各15g、
ソリッドアイ 4.5mm・ブラック (H221-345-1)…各2個、
ボタン 10mm ブラック…各1個、手芸用ボンド
〈仕上がりサイズ〉図参照

〈作り方〉
① 耳を図のように編み、編み終わりの糸を絞って、耳の形にする。
② 本体を頭から編み、糸を付け替えわたを詰めながら胴体を編む。
 編み終わりの糸を最終段に一周通し、引きしぼり形を整える。
③ 耳をとじつける。目・鼻を手芸用ボンドでつける。

【本体】(1枚)

胴体 =薄グレー・ベージュ　　頭 =薄ベージュ　　※胴体は頭の裏を見ながら編む

段数	目数	増減数
21	16目	−5目
2〜20	21目	増減なし
1	21目	+3目

▷ =糸をつける
▶ =糸を切る

【耳】(2枚)　□ =薄ベージュ

糸を長めに残しておき、頭にとじつける

↓

耳の形になるようにわを引きしぼる
※わたは詰めない

段数	目数	増減数
8	18目	+1目
7	17目	+2目
6	15目	+1目
5	14目	+2目
4	12目	+2目
3	10目	+2目
2	8目	+4目
1	わの作り目にこま編み4目編み入れる	

∨ =こま編み2目編み入れる
∧ =こま編み2目一度
⊠ =リングこま編み (p.31参照)

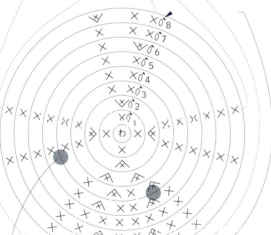

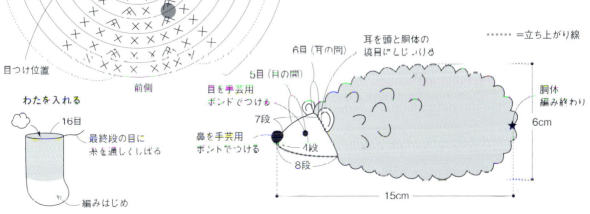

┄┄ =立ち上がり線

77

21 スズメのバッグ
→ photo P.23

〈糸〉ハマナカ itoa あみぐるみが編みたくなる糸《並太》
ベージュ（516）…50g、茶色（514）…50g、
オフホワイト（501）…10g、黒（518）…50g
〈針〉かぎ針6/0号
〈その他〉D型ハンドル（こげ茶）…1組
〈仕上がりサイズ〉図参照

〈作り方〉
① 本体を編み図のように45段目まで編む、反対側に糸をつけ18段目まで編む。
② 羽ポケットを編み図のように編み、刺繍をする。
③ クチバシ・尾羽・ほっぺ・目・足を編み図のように編む。
④ 本体に各パーツを巻きかがりでとじつける。
⑤ ハンドルに本体をそれぞれ巻きかがりでしっかりとじつける。

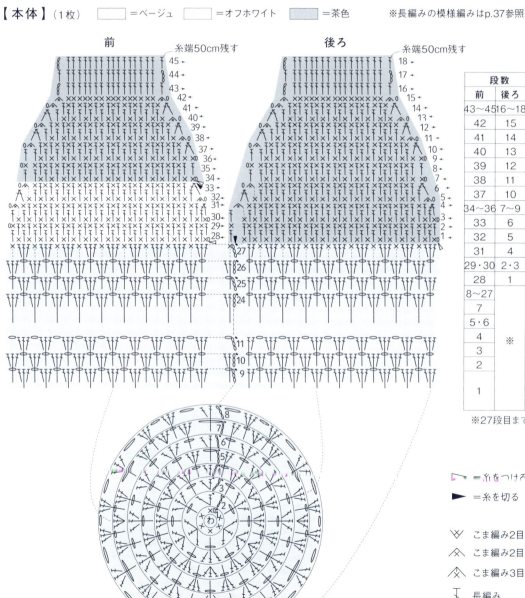

段数		目数	増減数
前	後ろ		
43〜45	16〜18	18目	増減なし
42	15	18目	−2目
41	14	20目	−2目
40	13	22目	−2目
39	12	24目	−2目
38	11	26目	−2目
37	10	28目	−2目
34〜36	7〜9	30目	増減なし
33	6	30目	−2目
32	5	32目	−2目
31	4	34目	−2目
29・30	2・3	36目	増減なし
28	1	36目	
8〜27	※	72目	増減なし
7		72目	+24目
5・6		48目	増減なし
4		48目	+24目
3		24目	+12目
2		12目	+6目
1		わの作り目にこま編み6目編み入れる	

※27段目までは前・後ろ共通

↱ =糸をつける
▶ =糸を切る
∨ =こま編み2目編み入れる
∧ =こま編み2目一度
∧ =こま編み3目一度
┬ =長編み
× =すじ編み（p.37参照）